1879

ASSEZ TUÉ !

PLAIDOYER POUR L'AMNISTIE

PAR

ALFRED ASSOLLANT

PRIX : 10 CENTIMES

EN VENTE

Chez PERINET, rue du Croissant, 10,

Assez tué !

PLAIDOYER POUR L'AMNISTIE

I

Ceci n'est pas un plaidoyer pour la Commune, mais pour l'amnistie. Il ne s'agit pas de venger ou de justifier les morts, mais de rendre la patrie et la liberté aux vivants.

Ce plaidoyer ne s'adresse d'ailleurs ni au Sénat, dont la majorité actuelle n'a jamais pardonné aux vaincus la frayeur qu'elle eut en 1871, ni à la Chambre des députés, qui est remplie de bonnes intentions, mais opportuniste et molle, ni au président de la République, qui réserve à son successeur l'initiative et l'honneur de toutes les mesures populaires.

Au-dessus de ces trois pouvoirs élus s'élève la nation française dont ils ne sont que les délégués. C'est à la nation qu'il faut parler. Quand elle saura que vingt mille Français sont encore, après huit ans, les uns en exil, d'autres dans les prisons de France, d'autres déportés en Océanie, d'autres même forcés de se cacher de travailler sans relâche pour nourrir leurs familles et de craindre en même temps que la police vienne les saisir sous les yeux de leurs femmes et leurs enfants ; quand la France, après tant de sang versé, verra que les vainqueurs ne sont pas encore apaisés et que les malheureux fédérés sont encore sous le coup des conseils de guerre, elle demandera l'amnistie, et les deux Chambres, qui dépendent du suffrage universel à des degrés divers, la proclameront à l'envi.

Car, s'il est une chose que redoute par-dessus tout chacun de nos députés et de nos sénateurs, c'est, comme disait élégamment M. Thiers, d'être renvoyé à ses chères études, ou, comme on dit en vieux français, d'aller planter ses choux.

II

Voilà pourquoi je ne plaide pas la cause des déportés et des exilés devant les Chambres et devant le président de la République, mais devant la nation.

III

Avant tout, quel est leur crime ?

L'insurrection ? Mais la France a eu dix insurrections depuis et y compris la prise de la Bastille qui fut la première de toutes. En 1792, au 10 août. Au 13 vendémiaire, en 1795. Au 18 fructidor, en 1797. Au 18 brumaire, en 1800. En 1815, pendant les Cent Jours. En 1830, aux journées de Juillet. En 1848, au 24 février. En 1851, au 2 décembre. En 1870, au 4 septembre (Celle-là, par un rare bonheur, ne coûta pas une goutte de sang, tout le monde étant d'accord pour jeter à bas la dynastie des Bonapartes).

Je ne parle que des insurrections dont le chef et les auteurs principaux obtinrent le pouvoir pour récompense.

On vit arriver tour à tour au pouvoir Danton, Robespierre, Barras, Napoléon Bonaparte, Lafayette et Louis-Philippe ex-æquo Lamartine et Ledru-Rollin, Cavaignac, Louis Napoléon et Gambetta. Est-il un seul de tous ceux-là dont le pouvoir ait eu quelque autre origine que le soulèvement contre le gouvernement établi ? Pourquoi donc les fédérés de 1871 seraient-ils seuls accusés de tous les crimes ?

IV

J'entends d'ici la réponse :
— Parce qu'ils ont massacré les ôtages et voulu brûler Paris !

C'est bien. Vous verrez la vérité tout à l'heure. Et, croyez-moi, je déteste autant que vous les pétroleurs et les assassins.

V

Mais d'abord, qui sont-ils et combien sont-ils ?

VI

M. le général Appert a publié en 1875 un *Rapport d'ensemble sur les opérations de la justice militaire relative à l'insurrection de 1871, présenté à l'Assemblée nationale par ordre de M. le maréchal de Mac-Mahon, duc de Ma-*

genta, *président de la République française, par M. le général de Cissey, ministre de la guerre.*

Il faut citer ce titre tout entier, pour qu'on voie bien que le Rapport de M. Appert, n'est pas l'œuvre d'un communard déguisé, mais l'expression la plus authentique de la vérité officielle, de celle qu'un gouvernement réactionnaire (M. de Broglie était alors premier ministre) permettait de faire connaître au public.

En deux mots, M. le général Appert, n'a dit que des choses vraies ; mais il n'a pas tout dit. Il ne connaît que les jugements des conseils de guerre. Quant aux exécutions en pleine rue ou dans l'intérieur des casernes, il s'en lave les mains.

Rappelez-vous bien ceci, lecteurs, car le témoignage de M. Appert est le plus précieux de tous.

VII

Or, on lit, à la page 262 de son *Rapport d'ensemble*, qu'il y eut en tout *trente-huit mille cinq cent soixante-dix-huit personnes* arrêtées.

Parmi ces trente-huit mille prisonniers (je néglige les fractions), on comptait cinq mille soldats, huit cents femmes, neuf cents enfants de seize ans et au-dessous.

Onze mille furent déférés aux conseils de guerre.

Dix-neuf mille furent mis en liberté par ordonnance de non-lieu.

Sur ces dix-neuf mille, tous innocents,

les hommes avaient subi en moyenne un emprisonnement de cinq mois.

Les enfants, les femmes et les soldats furent détenus en moyenne pendant sept et huit mois.

Trois innocents pour un coupable ! Vous voyez avec quel discernement, quelle prudence et quel sang-froid on avait fait les arrestations.

Tous ces chiffres sont tirés du rapport de M. Appert et ne peuvent être contestés par personne.

VIII

Au moins vous croyez peut-être que ces onze mille prisonniers renvoyés devant les conseils de guerre étaient tous, ou presque tous, de parfaits scélérats, habitués de bonne heure au crime.

J'ai voulu savoir moi-même à quoi m'en tenir, et, comme je ne suis pas né à Paris (non plus, d'ailleurs, que la plupart des Parisiens), mais dans le département de la Creuse, j'ai cherché dans le Rapport de M. Appert quel contingent de scélérats était sorti de ma terre natale.

Ils étaient *neuf cent cinquante-trois*, au dire du général rapporteur.

Neuf cent cinquante-trois ! Vous entendez bien? C'est-à-dire que le département de la Creuse, si l'on admet que tous les insurgés furent des bandits et des assassins, est le plus scélérat de France, car il a fourni plus de recrues à l'insurrection qu'aucun autre.

Au reste, et pour plus de clarté, voici

les chiffres des trois départements les plus riches en fédérés :

Seine.	8,939
Seine-et-Oise	1,267
Creuse	953

Il n'est question, bien entendu, que des prisonniers amenés à Versailles. Quant à ceux qui moururent en combattant ou qu'on fusilla de sang-froid et sans jugement, M. Appert n'en dit rien et pour diverses raisons, le nombre en est incalculable.

IX

Songez maintenant que la Seine a plus de deux millions d'habitants, que Seine-et-Oise, qui n'est, à proprement parler, qu'une immense banlieue de Paris, en a cinq ou six cent mille et que la Creuse, à cent lieues de là, n'en a que deux cent soixante-dix mille, c'est-à-dire sept fois moins que Paris et deux fois moins que Seine-et-Oise !

C'est-à-dire encore qu'il y avait dans les rangs des insurgés autant de Creusois (à proportion) que d'habitants de Paris et un tiers de plus que d'habitants de Seine-et-Oise.

C'est-à-dire enfin que mes compatriotes de la Creuse et moi (car je ne sépare pas mon sort du leur) nous appartenons à la race la plus sanguinaire et la plus pétroleuse de France.

Voilà, je suppose, la conclusion qu'on tirera du Rapport du général Appert.

X

Ce qui précède est la vérité du gouvernement, ce qui suit est la mienne que je ne prétends pas opposer à l'autre, mais qui vient pour la compléter, *non delere sed adimplere*, dit l'apôtre saint Mathieu.

Le département de la Creuse, souillé de tant de crimes, est, j'ose le dire, le centre et le cœur de la France.

Nous n'avons rien qui nous distingue de nos voisins, si ce n'est notre pauvreté. Nos champs sont nus; nos montagnes sont pelées; nos rivières sont des ruisseaux; nos vallées sont étroites; nos plaines sont des plateaux où le vent souffle en maître, où la pluie ressemble à la neige fondue, où la neige est aussi dure que la glace.

Voilà ce que la nature a fait pour nous. Quant au gouvernement nous ne connaissons de lui que la conscription et l'impôt. Q'on lui donne la bourse et la vie, il n'en demande pas davantage. Ailleurs on fait aux frais de l'Etat des ports, des canaux, des chemins de fer, des monuments de toute espèce. Cheznous, rien.

Nous avons la gloire de payer; d'autres ont l'avantage d'être payés. C'est ainsi que le bien et le mal sont partagés sur la terre.

XI

Et maintenant, pensez-vous sansdoute? c'est cet abandon de tous les gouvernements et de toutes les dynasties qui a poussé les malheureux Creusois à prendre les armes et à commettre tous les crimes de la Commune. Voilà ce qui les a rendus socialistes, communistes, internationalistes.

Mais vous êtes loin de compte. Les Creusois sont intrépides, laborieux et durs. Ils n'attendent rien du gouvernement et ne reçoivent rien de lui si ce n'est de fréquentes invitations à passer chez le percepteur ; ils ont fait à leurs frais les chemins communaux les mieux entretenus de France; ils ont deux écoles normales primaires, l'une d'instituteurs et l'autre d'institutrices ; ils savent presque tous lire et écrire ; ils ne font pas d'émeutes dans leur pays; ils n'aiment pas le service militaire et cependant personne ne s'est battu contre les Prussiens avec plus de courage qu'eux, personne n'a plus bravement affronté les balles ni supporté avec plus de fermeté le froid, la pluie, la neige et la faim; excepté trois ou quatre épais fils de bourgeois qui se cachèrent derrière les jupes de leurs mères ou se firent donner des places par le gouvernement de la Défense nationale, tous ont fait leur devoir... Enfin leur département est celui de France où l'on voit le moins d'attentats contre les personnes et les propriétés.

La dernière condamnation à mort date de 1848. Mieux encore ! Il y a deux ou trois ans la session des assises n'eut pas lieu, les procureurs de quatre arrondissements, malgré tout leur zèle et une envie bien naturelle de se distinguer, n'ayant pas pu mettre un seul procès sous la dent du jury.

Moi qui parle, j'ai traversé cent fois, à pied et seul, aux heures les plus avancées de la nuit, les cantons les plus déserts dans les montagnes, n'ayant d'autre arme qu'un bâton pour écarter les chiens, et je n'ai pas fait depuis quinze ans une seule rencontre fâcheuse, je n'ai pas vu donner un coup de couteau dans les cabarets, même entre ivrognes...

XII

Si les soldats de la Commune ont été les bandits que peignaient le *Figaro*, le *Gaulois*, le *Pays*, la *Patrie* et tant d'autres journaux réactionnaires, comment se fait-il qu'on ait trouvé dans leurs rangs neuf cent cinquante-trois de mes compatriotes? Ces hommes, innocents dans leur pays, ne sont-ils venus à Paris que pour piller, brûler, assassiner? A qui fera-t-on croire cette monstrueuse bêtise?

Voulez-vous connaître leur vrai crime, celui qui leur mit les armes à la main, à eux et à tant d'autres ouvriers de Paris et de la province, c'est leur amour pour la République.

Ils la crurent menacée. La suite a montré qu'elle ne l'était que trop. Ils voulurent garder leurs armes pour la défendre. On essaya de les désarmer. On n'y réussit pas. D'« une parole à l'autre, » comme dit le proverbe, la bataille s'engagea. La Commune fut vaincue. Des flots de sang furent versés... Deux millions d'hommes ont encore devant les yeux ce spectacle épouvantable...

Ce n'est pas le moment d'accuser personne, mais je dois montrer, dans l'intérêt de la vérité et des malheureux proscrits, quelle fut l'origine de la guerre civile. Je ne veux pas aujourd'hui faire usage de sept ou huit cents lettres particulières que j'ai reçues d'Europe ou d'Amérique et dont quelques-unes contiennent des récits atroces. Comme la plupart sont écrites par des proscrits, on les révoquerait en doute, et d'ailleurs j'aurais horreur de semer ou d'attiser des haines ; mais on me permettra sans doute de me servir en faveur de la Commune du témoignage de ses ennemis.

Ce qu'ils ont dit, je le tiendrai pour vrai. Ce qu'ils ont nié, je le tiendrai pour faux. En parlant de la Commune, je ne citerai que les témoins à charge. Malheur à eux s'ils sont pris par leurs paroles !

Ainsi donc, lecteur, suivez l'enquête avec soin et sachez d'abord par qui elle fut conduite.

XIII

Il y avait en 1871, à Paris, un homme appelé M. Daru, qui jouissait d'une grande fortune, d'un nom assez connu et d'une autorité médiocre, car il avait changé deux ou trois fois de parti, mais toujours mal à propos, c'est-à-dire la veille du jour où le gouvernement dans lequel il venait de s'engager se préparait à faire la culbute.

De là vient qu'il était fort irrité. Sa dernière chûte était récente, et il en gardait encore la cuisante impression. De plus, il l'attribuait non sans cause aux républicains.

C'est pourquoi — voulant le consoler certains d'ailleurs qu'il servirait de son mieux la bonne cause, c'est-à-dire qu'il étranglerait avec bonheur toutes les libertés, — ses amis lui firent donner la présidence de la commission d'enquête, et en effet il dirigea l'enquête comme un acte d'accusation contre la Commune.

Tout le monde sait qu'on peut fort bien être honnête homme dans la vie privée et chercher le moyen de déshonorer ou de faire pendre ses ennemis politiques.

Cela se voit tous les jours dans tous les pays du monde.

Celui-ci donc, je veux dire M. Daru, n'interrogea la plupart du temps que des témoins à charge. Et encore de quelle manière !

XIV

Le dernier qui comparut devant la com-commission, sorte de tribunal parlementaire, fut celui par qui l'on aurait dû commencer, M. Thiers, en ce temps-là, président de la République française. Tous les autres ayant parlé avant lui, il savait d'avance ce qu'il pouvait dire et taire. Grand avantage pour un témoin d'un esprit si vif, si étendu, si pénétrant, si prompt à se retourner, d'une langue si déliée, — la plus déliée qu'il y ait eu dans ce siècle en Europe, — qui cachait sous une aimable bonhomie la plus dangereuse finesse et qui n'avait pas besoin de mentir, car il avait au suprême degré l'art de nuancer la vérité !

Si jamais homme fut habile à manier les autres hommes, à les persuader, à les tromper, à les conduire au but qu'il leur cachait à vanter la liberté sous la monarchie, à imposer l'état de siége et les fusillades sous la République, à verser plus de sang dans la guerre civile que les tyrans les plus détestés de notre histoire et à mourir populaire comme s'il avait sauvé la patrie, c'est M. Thiers, le premier président de la troisième République, que douze cent mille Parisiens suivirent jusqu'au Père-Lachaise, sa dernière demeure. Pareil honneur avant lui n'avait été fait qu'à Béranger ; mais Béranger avait été populaire en dédaignant tout, tandis que M. Thiers le devint en prenant tout et jouissant de tout.

C'est ainsi que par les chemins les plus opposés on arrive à la gloire.

XV

Voici donc ce qu'il dit, cet homme d'Etat sans pareil.

— Voulez-vous, demanda M. Thiers, que je réponde à vos questions ou que je « vous fasse un récit des événements tels que je les ai vus et compris ? »

En offrant de faire un récit il était sûr

de réussir car il excellait à raconter, et de plus il évitait les questions indiscrètes.

— La commission sera heureuse d'écouter le récit que vous proposez de lui faire, répliqua majestueusement M. Daru, qui aurait été aussi embarrassé de faire les questions que l'autre d'y répondre.

Alors le « petit bourgeois » commença son récit qui n'avait d'autre but que d'embrouiller son auditoire et de rejeter doucement sur ses voisins la responsabilité de la guerre civile.

XVI

Il parla d'abord de l'Internationale.

Quand le chef d'un gouvernement quelconque est dans l'embarras, il accuse l'Internationale de conspirer. C'est ce que fait aujourd'hui M. de Bismarck en Allemagne ; c'est ce que fit ce jour-là M. Thiers. L'Internationale est une selle à tous chevaux.

Cavour seul, le grand ministre italien, aurait dédaigné de l'enfourcher, mais Cavour n'a fusillé personne. « Surtout, pas d'état de siége, disait-il en mourant, tout le monde peut gouverner avec l'état de siége. »

Le « petit bourgeois » qui n'avait pas les scrupules de Cavour, commença par dire que l'Internationale était la cause et « l'excitateur du désordre. »

Puis, comme il ne pouvait pas donner de preuves, il changea de sujet et raconta sa mission en Europe. L'Angleterre était circonspecte. Le czar de Russie était bienveillant et froid. L'empereur d'Autriche était bien disposé, mais empêché ! Le roi d'Italie mieux disposé encore, et M. Thiers habitué à juger de haut les plans de campagne du premier Napoléon, proposa le sien aux généraux italiens !

« Portez-vous sur Lyon... Vous pourrez remonter la Saône sans danger... » et cœtera. Sur quoi les Italiens, aussi prudents que braves, demandèrent à réfléchir.

De là il revint sur Versailles et Paris...

C'est à ce moment que M. Thiers voulut sauver la France, et que Paris ne voulut pas y consentir.

« ... La masse de la population, dit-il, voulait la paix : les furieux poussaient des cris, proféraient des menaces... »

Et, à tout propos, le mot de « furieux » revient dans cette déposition faite à loisir dix mois après les événements. Visiblement M. Thiers fut choqué du mépris que les Parisiens faisaient de ses propositions de paix, et il n'a pas pu le leur pardonner.

XVII

Voyons pourtant quelle paix il apportait aux Parisiens. Puisque Paris était « furieux » pour l'avoir refusée, il fallait qu'il l'eût trouvé, lui, M. Thiers, bien honorable et bien avantageuse. Mais il ne s'explique pas sur ce point si important... « Je suis convaincu, dit-il, qu'on aurait pu obtenir du gouvernement prussien des conditions moins malheureuses que celles qu'il nous a imposées plus tard... »

C'est posible; mais quelle preuve ? Et quelle lâcheté de rendre les armes quand on peut encore se battre et espérer la victoire ?

Remarquez que M. Thiers entra dans Paris le 30 octobre, qu'il en sortit le lendemain, que dix jours après les Allemands furent battus à Coulmiers, et que si l'armée française avait eu des chefs plus hardis, Paris aurait été débloqué la semaine suivante.

Si Paris avait été débloqué en ce temps-là, quel changement dans nos affaires et dans celles du roi de Prusse ! Qu'il eût été facile de reconduire ce conquérant jusqu'au Rhin, comme on reconduisit son grand-père après Valmy, et de rétablir pour longtemps la paix entre la France et l'Allemagne !

Mais M. Thiers se croyait un petit Napoléon. Il avait jugé et jaugé les forces des Prussiens et les nôtres et décidé que nous devions être battus. Il ne restait plus aux Parisiens qu'à s'incliner et à subir, sur sa parole, l'arrêt du destin.

C'est ce qu'ils ne voulurent pas faire. Il ne le leur a jamais pardonné ce petit bourgeois, si fin, si spirituel, si charmant, si bonhomme en apparence, était au fond le plus vindicatif des hommes.

XVIII

Voilà donc son grief principal : la furie

des Parisiens, qui, sous aucun prétexte, ne voulurent déposer les armes et livrer l'Alsace et la Lorraine avant d'avoir mangé leur dernier morceau de pain.

Devant la postérité ce sera leur éternel honneur.

Devant M. Thiers, c'est leur condamnation.

XIX

Pour moi qui ai vu tout le siége des Prussiens, qui sais par expérience, étant alors garde national, avec quelle ardeur on aurait combattu si l'on avait eu un chef hardi et vaillant au lieu du général Trochu, ce pénitent toujours en prières aux pieds de Sainte-Anne d'Auray, avec quelle joie ces Parisiens si calomniés auraient abordé l'ennemi à la baïonnette (on a vu mais trop tard dans cette effroyable guerre civile s'ils craignaient la mort!), je regrette maintenant que Trochu n'ait pas été le 31 octobre enfermé pendant trois jours à l'Hôtel-de-Ville avec tout son état-major et tout le gouvernement de la Défense Nationale, et qu'un général, un colonel, un caporal même ou un simple soldat n'ait pas pris le commandement, livré bataille suivant ou contre les règles, et forcé les lignes prussiennes.

La discipline en eût souffert, c'est vrai, mais la patrie aurait été sauvée, et nos frères de Metz et de Strasbourg seraient encore en France.

Trente mille Parisiens auraient péri, je le crois. Mais qui sait combien ont été tués sur les barricades ou fusillés de sang-froid dans la funeste semaine de mai 1871 ?

Ce coup de tête audacieux aurait économisé le sang français.

Et d'ailleurs, quand on se noie, faut-il être si difficile sur le choix de celui qui tend la perche ?

XX

Mais la loi militaire ? direz-vous.

Eh ! messieurs, quelle loi n'a pas été violée par tous les partis depuis quatre-vingt-dix ans que nous sommes en révolution perpétuelle comme l'ancienne République d'Alger ?

Quel gouvernement avons-nous eu qui ne soit sorti d'une insurrection, d'un coup d'Etat ou des bagages des armées étrangères ?

Un seul, et c'est la République actuelle qui se fonde lentement sur la base solide du suffrage universel et de la volonté nationale.

Gardons-le précieusement, celui-là, car il maintient la paix et la liberté. S'il venait à être renversé, nous n'aurions plus qu'à nous entretuer et nous dévorer comme des loups affamés.

XXI

Il n'y a plus rien à citer de la déposition de M. Thiers.

Pourquoi répéter ces caquetages de vieille portière grimée en homme d'Etat ? Seriez-vous contents d'apprendre qu'il passa deux fois la Seine en compagnie de quelques jeunes officiers prussiens « très courtois et très distingués, » qu'en traversant le bois de Boulogne il remarqua que la maison de M. de Rothschild était dans un « état affreux », qu'il fut félicité par M. de Bismarck d'avoir fait ces deux voyages avec si peu de péril ?

Ce sont des niaiseries que Mme Pochet aurait honte de raconter à Mme Gibou.

XXII

Revenons aux choses sérieuses.

Après avoir avoué que le patriotisme ardent des Parisiens (ou leur « furie ») et leur attachement à la République avaient été la cause principale de leur malheur et de la défiance qu'ils eurent tout d'abord de l'Assemblée nationale et de lui-même, a-t-il parlé des causes secondaires ?

A-t-il dit que le premier acte de cette Assemblée, à peine réunie à Bordeaux, fut d'accueillir avec des huées Garibaldi, le premier, le plus brave et le plus généreux des Italiens, qui venait, oubliant le siége de Rome et Mentana pour ne se souvenir que de Magenta et de Solferino, nous offrir les derniers restes de son sang déjà versé dans vingt batailles ?

A-t-il dit que le second acte fut de livrer l'Alsace, la Lorraine et cinq milliards aux Prussiens, par un traité peut-être inévitable, puisqu'on n'aurait pu l'empêcher que par une guerre au couteau, mais à coup sûr le plus désastreux que la France ait jamais subi ?

A-t-il dit que trois cent mille parisiens qui vivent au jour le jour de leur travail, furent menacés des huissiers et de toutes les rigueurs judiciaires par le projet de loi sur les loyers?

A-t-il dit qu'en même temps on voulait supprimer leur triste paye de trente sous, que tous les ateliers étaient fermés depuis le commencement du siége, et qu'ils ne voyaient plus d'autre avenir pour leurs familles et pour eux-mêmes que la misère et la mort?

XXIII

A-t-il dit que, pour les braver plus cruellement, il avait nommé chef de l'armée M. Vinoy et chef de la garde nationale M. d'Aurelles, — le même qui après la victoire de Coulmiers refusa de débloquer Paris?

A-t-il dit que l'un et l'autre étaient bonapartistes et que le *Figaro*, ce journal si patriotique, menaçait la garde nationale du bâton de M. d'Aurelles?

XXIV

Faut-il après M. Thiers citer deux ou trois autres témoins?...

Voici M. le maréchal de Mac-Mahon, président actuel de la République.

Que tirerez-vous de lui?

Il est, par métier, inviolable et irresponsable. D'ailleurs il est arrivé après le commencement de la guerre civile, il ne sait rien, il n'a rien vu ; si l'on a fusillé, c'est malgré ses ordres.... Oserez-vous contester ?...

Je vous l'ai dit. Il est irresponsable.

XXV

Si le maréchal commandant en chef l'armée de Versailles est innocent des fusillades qui suivirent la victoire, à plus forte raison tous les simples généraux et au-dessous d'eux tous les officiers supérieurs ou subalternes.

De sorte qu'il semble que les fusillades aient eu lieu par l'opération du Saint-Esprit.

XXVI

Eh bien ! car la place me manque, je ne veux accuser personne, excepté ceux qui s'accusent eux-mêmes et qui sont fiers de tout ce qu'ils ont fait. J'ouvre au hasard l'enquête parlementaire sur l'insurrection du 18 mars, et je lis la déposition du capitaine Garcin.

Celui-là vous donnera une idée de ceux qui, plus modestes, ont fusillé leurs prisonniers dans les ténèbres.

Voici sa déposition :

« On a fusillé Millière, Tony Moilin, Billioray, Billioray a d'abord cherché à nier son identité... On l'a soustrait à la fureur de la foule et j'ai essayé de le faire parler. Il a commencé une histoire de fonds, dont il pouvait indiquer la cachette ; mais il ne l'a pas terminée. Il parlait de 1,500 mille francs, puis il s'est interrompu pour me dire : « Je vois bien que vous allez me faire fusiller ; c'est inutile que j'en dise davantage.

« Je lui ai dit : Vous persistez ?
« — Oui.
« Il a été fusillé.

C'est un gaillard, M. le capitaine Garcin, et avec lui l'instruction d'un procès ne traîne pas en longueur.

Songez maintenant que trois hommes ont été fusillés sous le nom de Billioray, que le vrai Billioray (dont on n'a d'ailleurs jamais expliqué le crime) est peut-être encore vivant, et jugez le juge Garcin !

XXVII

Maintenant, voici l'histoire si tragique de Millière. Elle est connue de tous, mais on ne saurait trop la répéter. M. le capitaine Garcin l'a écrite d'un style immortel.

« Millière a été arrêté vers dix heures du matin... il était amené par deux hommes très surexcités, la foule était frémissante ; elle voulait le lacérer.

» Millière a été amené, nous étions à déjeûner, avec le général, au restaurant rue de Tournon, à côté du Luxembourg... Nous sommes sortis. On m'a dit : c'est Millière... Je m'adressai à lui et je lui dis : Vous êtes bien Millière ?

» — Oui, mais vous n'ignorez pas que je suis député.

» ...J'ai dit alors à Millière que les ordres du général étaient qu'il fût fusillé. Il m'a dit : Pourquoi ?

» Je lui ai répondu : Je ne vous connais que de nom ; j'ai lu des articles de vous qui m'ont révolté ; vous êtes une vipère sur laquelle on met le pied. Vous détestez la société.

» Il m'a arrêté en me disant : Oh ! oui, je la déteste, cette société !

» — Eh bien, elle va vous extraire de son sein ; vous allez être passé par les armes... Du moment que vous dites que vous êtes Millière, il n'y a pas autre chose à faire. »

XXVIII

« Le général (quel général ? je regrette que Garcin ne l'ait pas nommé ; il aurait participé à la gloire de Garcin), le général avait ordonné qu'il serait fusillé au Panthéon, à genoux, pour demander pardon à la société du mal qu'il lui avait fait. Il s'est refusé à être fusillé à genoux. Je lui ai dit : — « C'est la consigne. Vous serez fusillé à genoux et pas autrement. » Il a joué un peu la comédie, il a ouvert son habit, montrant sa poitrine au peloton chargé de l'exécution. Je lui ai dit : « Vous faites de la mise en scène, vous voulez qu'on dise comment vous êtes mort, mourez tranquillement, cela vaut mieux.

« — Je suis libre, dans mon intérêt et dans celui de ma cause, de faire ce que je veux.

« — Soit. Mettez-vous à genoux.

« Alors il me dit :

« — Je ne m'y mettrai que si vous m'y faites mettre par deux hommes.

» Je l'ai fait mettre à genoux, et l'on a procédé à son exécution. Il a crié : « Vive l'humanité ! » Il allait crier autre chose, quand il est tombé mort. »

XXIX

Vous avez bien lu, n'est-ce pas, ce recit naïf ? Qu'est-ce que vous en pensez ?... Que dites-vous du bon capitaine Garcin ? Lui donneriez-vous la main en public ? Voudriez-vous être son père, son frère, son fils ou son ami intime ?

Eh bien, ce qu'il est fier d'avoir fait, des centaines d'autres l'ont fait, qui se garderaient bien de l'avouer aujourd'hui et qui doivent leur avancement à quelque action d'éclat de cette espèce.

Au reste, M. Garcin lui-même fut récompensé comme il devait l'être. Je ne sais qui l'a nommé lieutenant-colonel, et si les futurs ministres de la guerre ressemblent à leurs prédécesseurs, il deviendra général et nous gouvernera peut-être en vertu de quelque état de siége. Tant d'autres sont arrivés là qui n'avaient pas de meilleurs états de service !

XXX

C'est ici qu'il faut parler des massacres, car je ne connais pas d'autre mot pour les exécutions en masse qui furent faites de sang-froid à la fin du mois de mai et dans la première moitié de juin 1871.

Les causes de l'insurrection sont aujourd'hui connues. Je n'en veux rappeler que deux ; les Parisiens avaient été gardés malgré eux derrière les remparts pendant le siége des Prussiens et se virent forcés, par la faim, de capituler presque sans avoir combattu ; plus tard on transporta l'Assemblée nationale à Versailles (la perte n'était pas grande) et l'on menaça de renverser la République.

Les Parisiens se crurent deux fois trahis et prirent les armes.

XXXI

Voilà le crime.
Voici le châtiment.

XXXII

Le 18 mars, au matin, pendant que les Parisiens dormaient, M. Thiers envoya le général Lecomte pour s'emparer de Montmartre et emporter les canons de la garde nationale. Lecomte réussit d'abord, puis, faute de chevaux, ne put pas emmener les canons, fut entouré avec sa troupe, fait prisonnier et massacré. Je n'ajoute et ne change rien à l'histoire. Tuer sans jugement un homme sans armes, qu'il soit général, prince ou charbonnier, c'est un horrible assassinat, n'est-ce pas ?

Eh bien ! j'en conviens, ceux qui tuèrent Lecomte furent des assassins. On pourrait dire, pour leur excuse, qu'il avait commandé le feu sur la garde nationale, les femmes et les enfants, et que les soldats ayant refusé de tirer, le sang des Parisiens n'avait manqué de couler que par une circonstance indépendante de la volonté du général, qu'enfin Lecomte était l'agresseur.

Mais je ne veux pas de cette excuse.

C'étaient des assassins.

XXXIII

Souvenez-vous bien de cette définition :

L'assassin est celui qui tue sans jugement un homme sans armes.

Et maintenant, lisez ce qui suit :

XXXIV

Du 18 mars au 25 mai la Commune n'a tué personne, exepté en bataille rangée.

En revanche, voici ce qu'a fait le gouvernement de Versailles. Mettez-le sur le dos de M. Thiers, de M. Vinoy, de M. de Mac-Mahon ou de n'importe qui, le fait est vrai, attesté par mille témoins et surtout par les journaux réactionnaires le *Figaro*, le *Gaulois*, la *Patrie*, par le *Journal des Débats* lui-même qui n'a jamais aimé la Commune et qui supportait mal en ce temps-là les républicains.

Gaulois, 5 avril :

» Hier, cinq soldats de la ligne, déserteurs, qui se trouvaient au nombre des prisonniers faits par l'armée de Versailles, ont été fusillés séance tenante.

» ... Peu après le général de Gallifet à la tête de deux escadrons de chasseurs et d'une batterie d'artillerie, ... surprenait trois gardes insurgés, un capitaine, un sergent et un garde, qui furent sur le champ passés par les armes.

» ... Au moment où les gardes nationaux se rendirent on découvrit au milieu d'eux un homme tout chamaré qui déclara se nommer le général Duval.

» Quelques instants après il était fusillé ainsi qu'un officier de son état-major et un commandant.

» Le reste des hommes qui ont été passés par les armes, séance tenante, et qui sont environ sept ou huit, avaient été reconnus pour appartenir à l'armée. »

XXXV

Remarquez bien cette date : 5 avril ! On commençait à peine à se battre et déjà les généraux de Versailles fusillaient les prisonniers.

Il est inutile de citer les combats et les fusillades qui suivirent jusqu'à la terrible semaine où Paris fut menacé d'une destruction complète.

Lisez cette dépêche de M. Thiers. Elle est datée du 25 mai :

« ...Ils nous ont laissé 12,000 prisonniers et nous en aurons certainement 18 à 20 mille. Le sol de Paris est jonché de leurs cadavres. Ce spectacle affreux servira de leçon... L'armée a été admirable... »

Enfin M. Thiers est content. Il a donné une leçon aux Parisiens.

XXXVI

Le *Gaulois*, déjà nommé, parle à son tour :

« Le combat a été des plus acharnés à

la gare Montparnasse, à la Croix-Rouge, à la barrière d'Italie et au Panthéon.

» Cette dernière position a été attaquée sur tous les points à la fois. Nos soldats, débouchant par toutes les rues, eurent bientôt acculé les communards au nombre de sept à huit cents, entre le Panthéon, la bibliothèque Sainte-Geneviève et l'église Saint-Étienne-du-Mont. Pas un seul insurgé n'a échappé au *massacre*. »

Vous entendez bien? ce n'est pas moi qui dis : « massacre »; c'est le *Gaulois*, journal bonapartiste, fleur de réaction.

XXXVII

Vous venez de voir comment on fusillait les hommes par centaines ; voici maintenant comment on les fusilla par unités. C'est le *Paris-Journal* qui parle, aussi peu suspect que son confrère de tendresse pour la Commune.

« Jules Vallès et Ferré ont été fusillés jeudi 25 mai à six heures du soir... »

Et il donne les détails les plus complets et les plus authentiques. Vallès voulut étrangler l'officier. Les coups de crosse, de canne et de poing lui firent lâcher prise... « Il chancela, mais ce fut seulement sous les balles qu'il tomba pour ne plus se relever... »

Voilà un récit dramatique, n'est-ce pas, et la bonne foi du *Paris-Journal* n'est pas douteuse, car quel intérêt?...

Eh bien le *Paris-Journal* s'est trompé. Il a vu fusiller deux hommes, c'est vrai, mais ni l'un ni l'autre n'étaient Vallès ou Ferré.

Vallès vit encore à Londres où il écrit des livres et des articles remarquables que vous lisez peut-être sans le savoir.

Quant à Ferré, on l'a pris, jugé et fusillé six mois après que le récit de sa mort eut paru dans le *Paris-Journal*.

Sans doute il est bon de fusiller, mais il faudrait avant tout savoir le nom de ceux qu'on fusille.

XXXVIII

Voulez-vous quelques autres citations ?
Celle-ci est tirée du *Siècle*, 27 mai :

« . . Avant-hier il y eut une tentative de révolte (parmi les prisonniers de Satory). Les soldats commencèrent par viser les plus mutins; mais, comme ce procédé ne paraissait pas suffisamment expéditif, on fit avancer deux mitrailleuses qui tirèrent dans le tas... »

Et cette autre, de la *Liberté* :

« ... Sur le boulevard Saint-Michel les omnibus descendaient, s'arrêtaient à chaque barricade et se remplissaient peu à peu comme d'une marée de cadavres... L'aspect de ces voitures à travers les fenêtres desquelles passaient des bras et des pieds était lugubre. »

Et cette autre, du *Times* :

« Depuis lundi il y a eu un grand nombre d'exécutions sommaires dans les rues de Paris. Au numéro 27 de la rue Oudinot gisent actuellement les cadavres de cinquante-deux personnes ainsi dépêchées. »

Et cette autre, du *Standard* :

« ... Même pour les auteurs de ces exécutions il doit être impossible de dire combien de cadavres ils ont faits... Il continue à s'accomplir dans Paris un massacre tel qu'on n'en avait pas vu depuis la Saint-Barthélemy. »

Et cette autre, du *Times* encore :

« Le marquis de Galliffet escorte une colonne de prisonniers à Versailles ou à Satory. Arrivé à l'Arc-de-Triomphe, il en fait sortir quatre-vingt-deux des rangs et les fait passer par les armes. Puis vient un convoi de vingt pompiers. Egalement fusillés. Puis douze femmes, dont une de 70 ans. »

XXXIX

Est-ce assez de morts ? En voulez-vous davantage ? Je ne veux plus citer que quatre extraits, l'un du *Temps*, un autre du *Soir*, un troisième des *Débats* et le dernier du *Paris-Journal*.

Voici celui du *Temps* :

« Plus de mille fédérés furent tués au Père-Lachaise ou aux environs...Tous ceux qui furent pris dans les maisons, tirant des fenêtres, furent fusillés. »

Voici celui du *Soir* :

« On estime à plusieurs milliers d'hommes le nombre des prisonniers faits dans le combat du Père-Lachaise, on a fusillé tous ceux qui résistaient... »

Voici le témoignage des *Debats* :

« Depuis le matin (dimanche 28 mai)

un cordon épais se forme devant le Châtelet ou siége en permanence une cour martiale. De temps à autre on voit sortir une bande de quinze à vingt individus, composée de gardes nationaux, de civils, de femmes, d'enfants de quinze à seize ans.

« Ces individus sont des condamnés à mort. Ils marchent deux par deux, escortés par un peloton de chasseurs à pied.... Ce cortége suit le quai de Gesvres et pénètre dans la caserne de la garde républicaine, place Lobau. Une minute après, on entend retentir du dedans des feux de pelotons et des décharges successives de mousqueterie : c'est la sentence de la cour martiale qui vient de recevoir son exécution... »

Enfin, et pour finir cette horrible énumération :

« Hier a eu lieu à Versailles l'exécution de 150 pompiers ou hommes portant l'uniforme des pompiers... »

(*Paris-Journal*, 11 juin.)

11 juin ! quinze jours après la bataille terminée, on fusillait encore sans jugegement !

XL

Avez-vous maintenant quelque soupçon de la vérité, ô mes amis et concitoyens de province ? ces fusillades sans jugement, attestées par mille témoignages ne vous font-elles pas frémir ?

On vous parle du massacre des ôtages,

et il est vrai que ce fut un crime abominable, mais qui l'a ordonné? Trois ou quatre assassins qui, se voyant acculés à la mort, ne voulurent pas mourir sans vengeance. Eh bien! ne les a-t-on pas fusillés, eux et leurs complices et des milliers d'hommes qui sont aussi innocents que vous-mêmes de cet assassinat?

Et quel jour les ôtages furent-ils massacrés ?

Le 25 mai!

Or, depuis deux jours, c'est-à-dire depuis le 23 mai, l'armée de Versailles était entrée dans Paris et fusillait ses prisonniers comme d'ailleurs elle n'avait pas cessé de le faire depuis six semaines.

Ces ôtages même, pourquoi M. Thiers les a-t-il laissés aux mains des insurgés? N'a-t-on pas offert vingt fois de les rendre à la liberté. La Commune n'y mettait qu'une seule condition. Elle voulait ravoir Blanqui.

Eh bien! qui empêchait de lui rendre ce vieillard qui avait passé sa vie en prison, qui respirait à peine et qui ne sortait guère du Mont-Saint-Michel que pour entrer au donjon de Vincennes?

Mais M. Thiers refusa obstinément. Que lui importait la vie des otages? Un homme d'Etat a bien d'autres affaires en tête!

Et par malheur, il se trouva des misérables, exaspérés par la vue de la mort qui s'approchait d'eux, qui firent le massacre.

XLI

Mais parlons sincèrement. Trouvez-vous plus juste et plus humaine l'exécution sommaire des gardes nationaux prisonniers ?

XLII

On dit encore que les Communards ont voulu brûler Paris.

C'est vrai pour quelques-uns que la défaite et le sort qu'ils prévoyaient rendirent presque enragés ; mais ces coupables furent pris en flagrant délit et fusillés sur-le-champ. Pourquoi reprocher à leurs malheureux compagnons un crime qu'ils n'ont jamais commis et dont ils ne furent jamais les complices.

XLIII

Vous avez vu les causes de la Commune et comment, après sa défaite, elle fut noyée dans le sang. Que pourrai-je vous dire encore ?

Au compte du général Appert, trente-huit mille hommes, femmes et enfants furent arrêtés après la bataille et les exécutions sommaires.

Sur ce nombre, onze mille environ furent condamnés à mort, à la prison, à la déportation.

La plupart furent envoyés en Nouvelle Calédonie, et comme ils sont désarmés par mesure administrative, les sauvages Canaques les tuent facilement.

Tout le reste des trente-huit mille fut relâché après cinq, sept et huit mois de prison préventive en moyenne.

Remarquez qu'ils étaient innocents aux yeux des conseils de guerre dont tout le monde connaît l'implacable justice.

Ils avaient subi sept mois de détention et ils étaient innocents ! « *Zuze un peu s'ils ne l'avaient pas été* » comme dit le Marseillais.

XLIV

Vingt mille environ se sont exilés par prudence et vivent péniblement de leur travail en Angleterre, en Suisse, aux Etats-Unis. Le *Daily-News*, de Londres, leur rendait récemment ce témoignage qu'on n'a jamais vu de plus honnêtes gens, plus laborieux, plus intelligents et plus dignes de respect. Et certes, le *Daily-News*, libéral, mais fait par des bourgeois et pour des bourgeois, n'a pas de liaison avec la Commune de Paris !

Tous les jours l'âge, la misère, le terrible regret de la patrie diminuent le nombre de nos malheureux compatriotes exilés ou déportés. Ces derniers sont déjà moins de quatre mille en Nouvelle-Calédonie. Quant aux exilés, — qu'on n'a pas pu compter, — un tiers au moins a disparu, si j'en juge par le nombre de ceux que j'ai connus personnellement et qui survivent.

Qu'attendez-vous donc pour leur rendre la patrie ? que le fossoyeur les ait enterrés tous ? ne voulez-vous ramener en France que leurs ossements ?

XLV

La première République, affermie par cent victoires, laissa rentrer les émigrés qui l'avaient combattue sous les drapeaux étrangers ; Louis XVIII après trois ans d'exil rappela les Conventionnels qui avaient voté la mort de son frère Louis XVI ; Louis-Philippe accordait des amnisties tous les ans à l'occasion de sa fête ou de la pousse des dents de son petit dernier ; Napoléon III lui-même a donné une ou deux amnisties. La seconde République seule n'a jamais amnistié les insurgés de Juin et Dieu sait comme cette dureté de cœur lui réussit !

La troisième République voudrait-elle imiter la seconde et avoir le même sort ?

Prenez-y garde, opportunistes, et ne laissez pas cette arme entre les mains de nos ennemis.

ALFRED ASSOLLANT.

Paris. — Imp. A. Vigier, rue du Croissant, 16.

www.ingramcontent.com/pod-product-compliance
Lightning Source LLC
Chambersburg PA
CBHW061016050426
42453CB00009B/1476